Lío en la cocina

Begoña Oro

Ilustraciones de Dani Montero

La Fundación SM destina los beneficios de las empresas SM a programas culturales y educativos, con especial atención a los colectivos más desfavorecidos.

Si quieres saber más sobre los programas de la Fundación SM, entra en **www.fundacion-sm.org**

LITERATURA**SM**•COM

Primera edición: mayo de 2021

Edición ejecutiva: Berta Márquez
Coordinación editorial: Carolina Pérez
Coordinación de diseño: Mireia Rey y Lara Peces

Impresores, 2
Parque Empresarial Prado del Espino
28660 Boadilla del Monte (Madrid)
www.grupo-sm.com

ISBN: 978-84-1392-022-1
Depósito legal: M-1361-2021
Impreso en la UE / *Printed in EU*

Para Cipri,
que llena nuestros táperes
de comida y de cariño.

LA PANDILLA DE LA ARDILLA

NORA

Nora es tímida.
Le **encantan** la naturaleza,
las cosas bonitas,
los cuentos de su abuela
y los libros.

AITOR

A Aitor también le gustan
los libros, la música...
y es un aventurero.
A veces saca versos
de dentro del sombrero.
Y es que Aitor es nervioso
y medio poeta.

IRENE

Irene es tan nerviosa
como Aitor... o más.
Irene es tan «más»
que le encantan las sumas,
el fútbol y la velocidad.
Pero hasta una deportista veloz
necesita calma de vez en cuando.

ISMAEL

Ismael es experto
en mantener la calma,
comer piruletas, pintar
¡y hacer amigos!
¡Ah! A veces
(muchas veces)
se olvida de cosas.

Una excursión por el bosque da mucha hambre. Rasi y la pandilla de la ardilla acababan de descubrirlo. Llevaban ya una buena caminata con Elisa. Habían andado y andado. Habían visto árboles, pájaros, insectos... Habían cruzado un arroyo saltando de piedra en piedra. Y hasta se habían encontrado con dos primos de Rasi en el quinto pino. ¡Qué contenta se puso Rasi al verlos!

Pero cada vez hacía más calor, y cada vez estaban más cansados, y cada vez tenían más hambre.

–¡Tengo hambre! –dijeron Irene y Aitor a la vez.

Ismael y Nora no dijeron nada. Tampoco hizo falta. «Grrrr», sonaron sus tripas. Hasta la tripa de Rasi sonó. «Gurrú, gurrú», se oyó. Pero eso no fue lo único en lo que coincidieron...

Cuando abrieron el bocadillo que llevaba cada uno, se oyó el mismo grito:

–¡Tortilla!

Los cuatro llevaban bocadillo de tortilla. En realidad, los cinco. También Elisa.

–El mío es de tortilla de patata. Con cebolla. Mi favorita –dijo Elisa–. ¿Y los vuestros?

Mordieron sus bocadillos para comprobarlo. Y también para que sus tripas dejaran de rugir.

–El mío es de tortilla de queso –dijo Nora nada más dar el primer mordisco.

–¡Bien! –exclamó Ismael al probar el suyo–. ¡Tortilla de atún!

–¡Puaj! –se le escapó a Aitor.

No le gustaba mucho el atún. En cambio, le encantaba su tortilla. Era...

–¡De cacao!

–¿De cacao? –preguntaron los demás.

Aitor les explicó que su padre hacía tortilla con cacao en polvo.

–¿Cómo el que echas en la leche? –preguntó Nora con los ojos como platos.

Aitor tenía la boca llena y asintió con la cabeza. A Rasi le picó la nariz solo de pensarlo. Esos polvitos de cacao la hacían estornudar.

–Pues mi tortilla es la mejor –dijo Irene, picada.

–¿De qué es, Irene? –preguntó Nora.

–¡Tortilla francesa! –respondió.

Nora, Ismael y Rasi la miraron admirados. ¡Una tortilla francesa!

–¿Viene de París? *Oh là là!* –exclamó Ismael. (Es lo único que sabía decir en francés).

–Pues vaya cosa –dijo Aitor. Estaba algo celoso. Ya nadie hacía caso a su tortilla de cacao. Solo tenían ojos para la tortilla francesa de Irene–. ¿Y de qué es la tortilla francesa esa?

Irene se puso un poco colorada.

–Pues... Pues... ¡Francesa!

–Ya, pero... ¿con qué se hace?

Irene se puso aún más colorada.

Elisa le echó una mano y explicó:

–La tortilla francesa se hace con huevos.

–Huevos franceses –afirmó Irene, muy chulita.

–Bueno... –dijo Elisa con una media sonrisa–. Si las gallinas son francesas, supongo que pondrán huevos franceses, pero no sé si...

–¿Huevos y qué más? –preguntó Aitor.

–Nada más –explicó Elisa–. Bueno, sal y un poco de aceite. Es la tortilla más sencilla.

–¿Y por qué se llama «francesa»? –preguntó Ismael.

Todos se encogieron de hombros. Irene se encogió de cuerpo entero. Cada vez estaba menos orgullosa de su bocadillo.

–En España, la tortilla siempre se hacía con patata. Pero, durante un tiempo, España estuvo en guerra con Francia... –empezó a explicar Elisa.

–*Oh là là!* –exclamó Ismael.

–Fue hace más de doscientos años. Por culpa de la guerra con los franceses, en Cádiz se quedaron sin patatas. Pero sí había gallinas, que daban huevos. Entonces, siguieron haciendo tortilla. Solo que sin patata. Y a esa tortilla la llamaron «francesa».

–Pues vaya sosada de tortilla –dijo Aitor–. No tiene nada.

–¡Pero está muy rica! –exclamó Elisa–. A veces, lo más sencillo es lo mejor.

–¡Ja! –dijo Irene mirando a Aitor.

Irene y Aitor se pusieron a discutir cuál era la mejor tortilla. Pero Rasi no hizo mucho caso. Se había dado cuenta de algo: se podía hacer tortilla de cualquier cosa. Y ella tenía una idea.

A partir de ese día, Rasi espió a Elisa cada vez que hacía tortilla. Se fijaba muy bien y tomaba notas.

Un día, Elisa hizo tortilla de pimientos. Otro, de calabacín. Otro, de chorizo... Eso confirmaba la teoría de Rasi: ¡se podía hacer tortilla de cualquier cosa! Y Rasi iba a comprobarlo. Haría una tortilla con un ingrediente secreto. Se inventaría una receta nueva. Secreta. Como una gran chef.

Y por fin llegó el día.
Rasi había conseguido el ingrediente secreto.
En casa de Elisa había huevos, sal y aceite.
Y Elisa había salido de casa.
Podría preparar su receta secreta.

Rasi estaba nerviosísima.
Sacó un bol y un tenedor.
Quería tenerlo todo listo
antes de coger el huevo.
Esa era la parte más peligrosa.
Sabía que los huevos eran delicados.
Se rompían fácilmente.

Rasi respiró hondo. Allá iba. Abrió la nevera y cogió un huevo con mucho cuidado. Avanzó con el huevo en una mano como si fuera una bomba. Logró llevarlo junto al bol. ¡Bien! ¡No se le había caído! Ahora tocaba otra parte difícil: cascar el huevo.

Rasi se había fijado en cómo lo hacía Elisa.
Golpeaba el huevo contra el borde del bol.
Ni muy flojo ni muy fuerte.
Si lo golpeaba muy suave,
la cáscara no se rompía.
Si lo hacía demasiado fuerte,
la cáscara podía caer dentro.
Una vez, Rasi vio cómo Elisa
retiraba con cuidado un trozo
de cáscara que había caído.
Eso Rasi también lo había aprendido:
la cáscara de los huevos,
como la de los plátanos, no se comía.

Rasi se armó de valor. «¡Allá voy!», pensó. Golpeó el huevo contra el borde del bol. Flojito. La cáscara seguía igual. Rasi le dio un golpe más fuerte. Nada. La cáscara no se rompía. Rasi volvió a respirar hondo. Entonces dio un buen golpe al huevo. La cáscara se rompió. Pero algo raro pasaba. El huevo no salía. ¿Estaría vacío?

Rasi dio otro golpe y otro más. La cáscara ya tenía una buena raja, pero el huevo seguía sin salir. Rasi rascó la cáscara con los dedos. «Ras, ras, ras». Poco a poco fue quitando trozos de cáscara, hasta que consiguió pelar el huevo. Era el huevo más raro que había visto en su vida.

Era todo blanco.
No había ni rastro de la yema,
esa pelota blandurria y amarilla, casi naranja.
La había visto cada vez que Elisa
cascaba un huevo. Pero este huevo,
por dentro, era todo blanco.
Y ni siquiera era líquido.
¿Cómo lo iba a batir? Era imposible...

Rasi tiró la cáscara a la basura y se quedó mirando el huevo blanco un largo rato. Hasta que, de repente, oyó el ruido de la puerta. A todo correr, tiró el huevo a la basura, al fondo, escondido detrás de unos restos de cebolla.

—¡Hola, Rasi! ¿Tenías hambre? —preguntó Elisa al encontrarla en la cocina—. ¡Yo también! Venía pensando en hacerme una ensalada rica.

Mientras hablaba, Elisa iba recopilando ingredientes: tomate, lechuga, maíz...

—¿Dónde dejé el huevo duro? —murmuró mientras buscaba en el frigorífico—. Juraría que cocí un huevo y lo dejé aquí...

–¿Hiiii? –preguntó Rasi con un hilo de voz.

–Sí –explicó Elisa–. Hay muchas maneras de cocinar un huevo. Una de ellas es cocerlo. Lo metes en agua muy muy caliente, hirviendo, con cáscara y todo. Con el calor, el huevo se hace por dentro y se queda duro. Luego, cuando se enfría, se quita la cáscara y ya se puede comer. Pero está visto que hoy no. ¡Dónde lo metería yo!

Aquella noche, Rasi cenó muy callada. Pensaba en aquel huevo duro enterrado en la basura. ¿Debería ella también enterrar su idea de ser una gran chef? Pero, por otro lado, estaba descubriendo que el mundo de la cocina estaba lleno de transformaciones mágicas. ¿Y si hacía un descubrimiento que revolucionara el mundo de las tortillas?

Tres días más tarde,
a Rasi se le volvió a presentar
la ocasión ideal. Estaba en casa de Elisa.
Había huevos, aceite, sal...
Rasi aún tenía su ingrediente secreto.
¡Y Elisa se había ido al cine!
Tendría tiempo de sobra
para preparar su receta.

Tardó unos minutos en decidirse. ¿Lo intentaba? ¿No lo intentaba? ¡Lo intentaría! Y sería mejor que lo hiciera cuanto antes. Ya había perdido mucho tiempo dudando. Aunque no se tardaba tanto en hacer una tortilla... En principio.

Rasi reunió todo lo que necesitaba. Un bol, un tenedor, una sartén pequeña... Cogió también una caja con seis huevos. Solo iba a usar uno para su tortilla especial, pero le parecía más seguro moverlos en la caja.

¡Bien! ¡No se había roto ninguno! Rasi sacó un huevo y lo golpeó contra el bol. Esperaba que no estuviera duro. Y no lo estaba. De hecho, estaba demasiado blando. Nada más romper la cáscara, el huevo empezó a resbalar por todas partes. Dentro y fuera del bol. ¡Qué desastre!

El huevo parecía tener vida propia. Se movía lentamente por la encimera como si fuera *slime.* Rasi intentaba pararlo, pero cada vez se extendía más. Hasta había empezado a caer al suelo. ¡Tenía que arreglar ese estropicio!

Rasi cogió la bayeta del fregadero. Había visto que Elisa la usaba para limpiar. Aunque no sabía muy bien cómo.

Puso la bayeta encima de la mancha y la levantó. El huevo seguía ahí. No había desaparecido.
Entonces se acordó de que Elisa también usaba el papel de cocina.
Cogió un poco y lo puso encima.
El papel empezó a mojarse.
«¡Uf! ¡La mancha está traspasando el papel!», pensó esperanzada. Pero, al levantar el papel, aún había restos de huevo debajo.

«Ay, cuando venga Elisa y vea esto...», pensó Rasi.

Pero también pensó que, si lograba hacer su tortilla especial, quizá Elisa fuera más comprensiva.

Se acercó a coger otro huevo. La encimera de la cocina estaba toda pringosa. Las patitas se le quedaban pegadas al andar sobre ella.

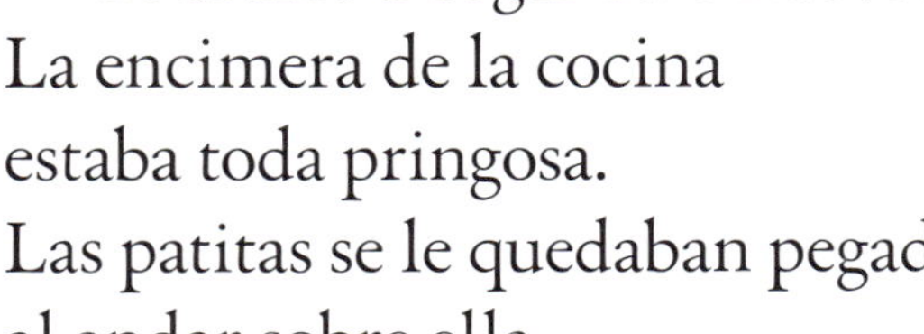

«¡Allá voy!», pensó otra vez.
Dio un golpe fuerte al huevo
¡y esta vez cayó dentro del bol!,
junto a un montón de trozos de cáscara.
«¡Los sacaré!», se dijo.

Pero no era tan fácil. Rasi lo intentó
con una cuchara, con un tenedor...
Pero la cáscara se escurría
y volvía a caer al huevo.

Rasi estaba empezando a desesperarse. El tiempo pasaba. Elisa no tardaría en volver. ¿Qué iba a hacer? Podía estar horas intentando sacar la cáscara sin éxito. Tenía que tomar una decisión. Y tenía que hacerlo ya. Entonces, se acordó de una frase que decía la abuela de Nora: «A la tercera va la vencida».

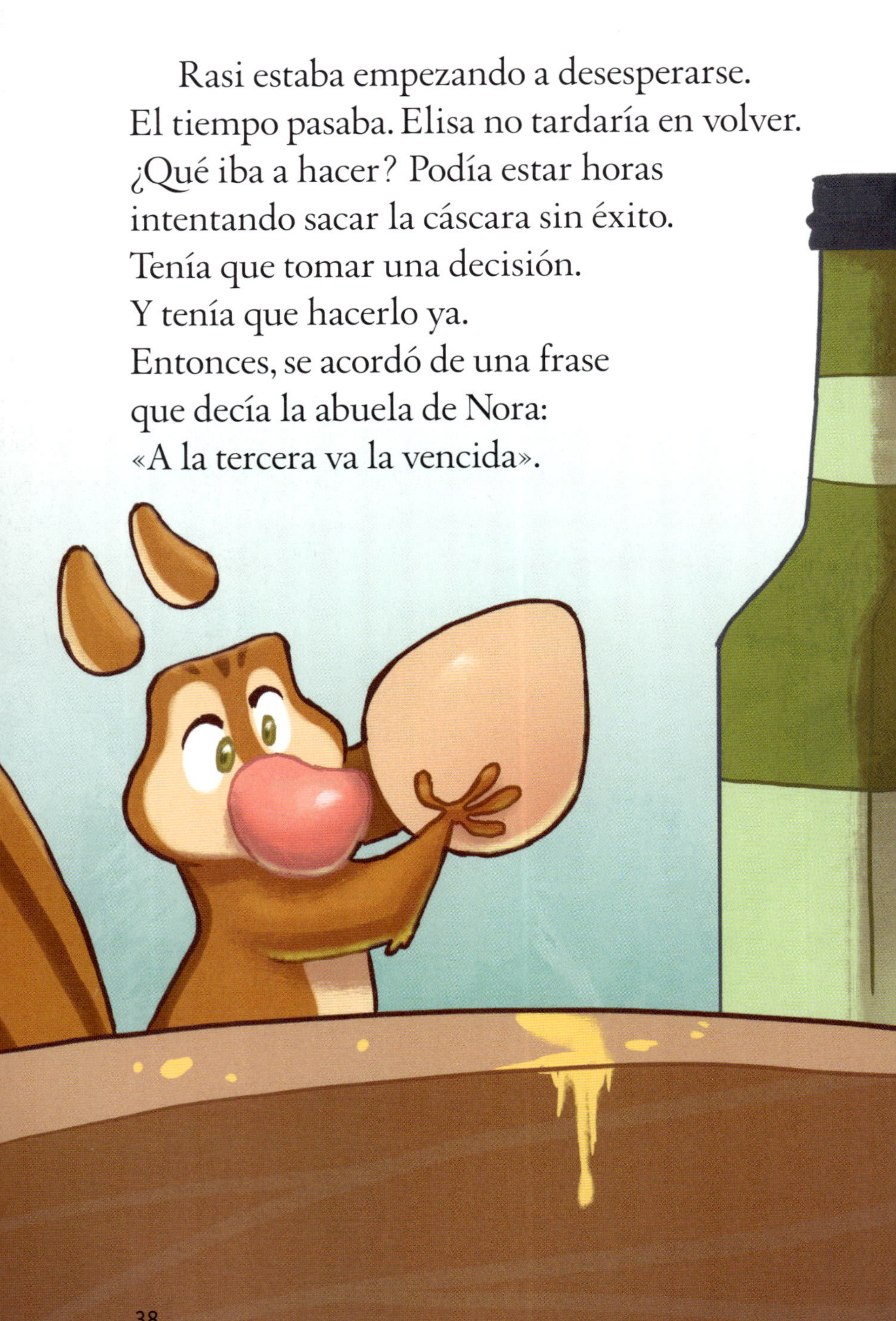

Y Rasi decidió volver a intentarlo.
Cogió otro bol y probó con un tercer huevo.
Ya había roto dos huevos,
así que algo había aprendido.
Seguro que la experiencia le servía.
«Ahora lo haré mejor. Seguro», pensó animada.
Lo hizo con mucho, muchísimo cuidado.
Ni muy flojo ni muy fuerte. Cuidando
de que no cayera ni un trocito de cáscara...

¡Y funcionó!
El huevo estaba ahí, dentro del bol.
¡Había conseguido lo más difícil!
Ahora solo tenía que batirlo.
Cogió el tenedor y lo empezó a mover.
La yema iba de un lado a otro,
como cuando te impulsas en un columpio
sin muchas ganas. Pero la yema no se mezclaba
con la clara. «Tendré que darle más rápido»,
pensó Rasi. Movió el tenedor a toda velocidad.
La yema se rompió y empezó a mezclarse
con la clara. Todo iba tomando
un color entre amarillo y naranja.
¡Y hasta salían burbujitas!

–¡Hiiii! –gritó Rasi feliz.

Estaba siendo un éxito. Estaba tan contenta que casi olvida echar su ingrediente secreto. Lo tenía preparado en un bote. Rasi espolvoreó el ingrediente secreto, echó una pizca de sal y volvió a mezclarlo. Iba a revolucionar el mundo de las tortillas.

Pero tenía que darse prisa.
Había perdido mucho tiempo.
Y Elisa no tardaría en volver a casa.
Rasi consultó sus notas para ver
cuál era el siguiente paso. Cogió la sartén.
La puso sobre el círculo del mismo tamaño.
Echó un poco de aceite...
Y, emocionada, echó la mezcla de huevo,
sal e ingrediente secreto. ¡Ya casi estaba!
Rasi se sentía una gran chef.
Eran los últimos pasos de la receta.
Solo quedaba dejar que la mezcla se calentara
en la sartén, darle la vuelta y servirla.

Cuando Elisa hacía tortilla,
la mezcla de la sartén chisporroteaba
y, poco a poco, dejaba de estar tan líquida.
Rasi esperó. Aquello no chisporroteaba.
Ni parecía cambiar en absoluto.
Estaba ahí, tal cual.

Aquella mezcla no tenía
la menor intención de convertirse
en la tortilla que revolucionaría
el mundo de las tortillas.

El tiempo pasaba, la tortilla no se hacía y Rasi se desesperaba. Su carrera como chef de cocina no acababa de despegar. ¿Estaría haciendo algo mal? ¿Qué? Rasi consultó otra vez sus notas.

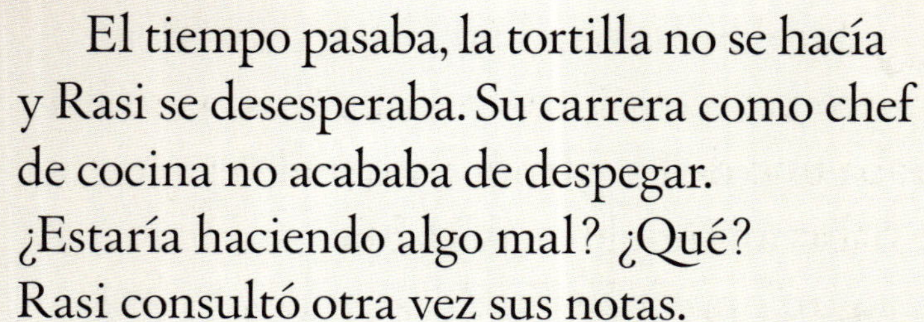

¡Claro! Se había olvidado de encender la vitrocerámica. Cada vez que Elisa la usaba, giraba uno de los mandos. Lo malo es que Rasi no había apuntado cuál. Había cuatro. Rasi giró uno de los cuatro mandos. Luego volvió a mirar la sartén de cerca. Empezó a sentir algo de calor. «¡Por fin va a calentarse la sartén! –pensó–. ¡Lo he conseguido!».

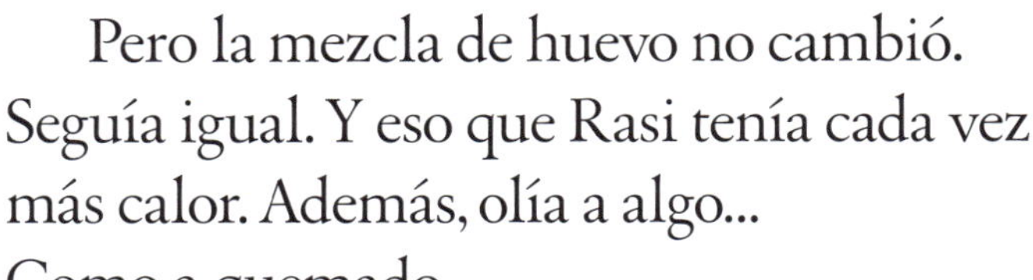

Pero la mezcla de huevo no cambió. Seguía igual. Y eso que Rasi tenía cada vez más calor. Además, olía a algo... Como a quemado.

–¡Hiiii! –gritó Rasi.

Olía a pelo chamuscado. ¡Rasi se estaba quemando la cola!

El círculo que había encendido no era el de la sartén. Era el de al lado. Y Rasi estaba tan cerca que se había quemado. Sentía ganas de llorar. Ahora tenía delante: un círculo rojo y vacío, una sartén con una mezcla que no se convertía en tortilla, tres pelos chamuscados y... ¡a Elisa!

–¡Rasi! –gritó Elisa–. ¿Estás bien?

Acababa de entrar en casa, de vuelta del cine, y había ido corriendo a la cocina. Aún llevaba las llaves en la mano. Ni se había quitado el bolso.

–¡Huele a quemado!

Rasi se abrazó a Elisa y se echó a llorar. Entre hipidos, le contó lo que había pasado.

Elisa miraba alrededor
y encontraba huellas de todo:
los restos de huevo por toda la cocina,
el papel de cocina manchado,
el huevo roto con cáscara en el bol,
la mezcla secreta en la sartén
y el círculo rojo que había quemado
el pelo de Rasi.

–¡Hay que apagarlo! –exclamó Elisa,
y giró el mando circular.

Elisa examinó la cola de Rasi. Sopló con cariño.

–Solo ha sido un susto. Pero, Rasi, no vuelvas a encender el fuego sola. Nunca. Jamás. ¡Es muy peligroso!

Rasi miró a Elisa cabizbaja.

–Menos mal que apenas ha pasado nada. Pero ¿por qué no has pedido ayuda?

–Hiii hiiii –susurró Rasi, que, como todo el mundo sabe, significa en idioma ardilla: «Quería que fuera una sorpresa».

–¡Ay, Rasi! A veces es mejor pedir ayuda.

Elisa y Rasi terminaron de hacer juntas la tortilla. A Elisa se le rompió al darle la vuelta.

–¿Lo ves, Rasi? Más que una tortilla, parece un huevo revuelto. A mí también me salen las cosas regular a veces. Nadie es perfecto.

–¿Hiii? –preguntó Rasi, o sea: «¿Estará rica?».

–Seguro que sí –dijo Elisa–. Estoy deseando probarla y descubrir cuál es ese ingrediente secreto.

–¡Hiiii!

Elisa sirvió la tortilla-huevo-revuelto-con-ingrediente-secreto en dos platos. Rasi estaba deseando probarla.

–¡Hiiiii! –gritó feliz al dar el primer bocado.

–¡Sí que está rica! –dijo Elisa sorprendida.

Rasi sonrió de oreja a oreja.

–Tiene... Es de.... de... No me lo digas, Rasi. ¡De avellana!

Elisa había adivinado el ingrediente secreto: avellana molida.

–Tortilla de avellana... Uauh. Es genial que te hayas atrevido a hacer una receta y a incluir un ingrediente nuevo. Solo grandes chefs harían algo así. Aunque la próxima vez no te olvides de pedir ayuda. Hasta las grandes chefs la piden.

Rasi asintió.

–¡Hiiii! –exclamó luego, o sea: «¡Es mi tortilla favorita!»–. ¿Hiii?

–¿La mía? Mmm... Creo que me quedo con la tortilla de patata. Con cebolla.

Rasi se puso un poco triste.
Le habría encantado que la tortilla de avellana fuera también la favorita de Elisa (y que revolucionara el mundo de las tortillas).

–No te ofendas, Rasi.
Acuérdate de que la favorita de Irene es la de cacao; la de Aitor, la francesa...
Como suele decirse: «Para gustos, los colores».

–Hiiiii hiiii, hiiiii –dijo Rasi, que, como todo el mundo sabe, significa: «Pues debería decirse: "Para gustos, las tortillas"».

Elisa se echó a reír.

–Tienes razón, Rasi. Y ahora, ¿me ayudas tú a mí?

–¿Hiiii?

–¿Me ayudas a acabarme la tortilla?

Y Rasi se dio cuenta de que eso de pedir ayuda a veces podía ser ~~delicioso~~ maravilloso.

Cocinar puede ser muy divertido. Y, si un adulto te ayuda, no es tan peligroso como le pareció a Rasi.

¿Has cocinado alguna vez?

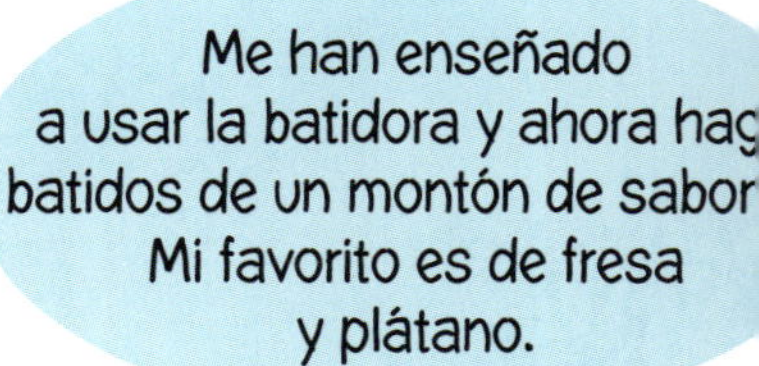

* Traducción del idioma ardilla: «¡Espero que lleve avellanas!».

El primer paso para saber cocinar un plato es conocer sus ingredientes.

Escribe aquí los ingredientes de tu receta favorita. ¡Puede ser inventada!

Nombre de mi plato:

....

Ingredientes:

- ....
- ....
- ....
- ....

Dibújalo... ¡o cocínalo!

Y recuerda pedir ayuda cuando sea necesario.

TE CUENTO QUE DANI MONTERO...

... tiene una madre cocinera. En su casa jamás hubo precocinados y nunca pedían comida a domicilio, por lo que Dani se crio viendo las pizzas y la comida rápida como una rareza. Quizá por tener una madre cocinera, Dani siempre ha sentido mucha curiosidad por la cocina. Le apasiona preparar su propia comida y experimentar con ella. Tanto su hermano como él tuvieron la suerte de que nunca se les prohibió ayudar y probar recetas nuevas. Y en esto aprendió Dani una gran lección: los errores no es que sean inevitables, es que son necesarios. Eso sí, tal y como dice Elisa en el libro, los errores suelen ser más fáciles de enmendar si pides ayuda.

Dani Montero nació en Catoira (Pontevedra). Sus inicios profesionales fueron en el campo de la animación, tanto en largometrajes como en series. Ha sido galardonado con diversos premios en animación, caricatura y cómic.

Si quieres saber más sobre él, visita su web y su blog:

www.danimonteroart.com
www.danimonteroart.com/es/blog

TE CUENTO QUE BEGOÑA ORO...

... cuando era pequeña, muchos días cenaba tortilla: francesa, de patata (¡con cebolla, claro!), de atún, de queso, de chorizo... y también de cacao. A sus hermanos y a ella les encantaba la tortilla de cacao que preparaba su madre.

Cuando Begoña fue madre, también preparó esa tortilla a su hijo. (Las mejores recetas pasan siempre de un familiar a otro). ¡Y fue la primera receta que su hijo preparó siendo niño! La cocina quedó casi tan desastrosa como la cocina de Elisa tras el paso de Rasi, pero mereció la pena.

Begoña Oro nació en Zaragoza y trabajó durante años como editora de literatura infantil y juvenil. Ha escrito y traducido más de doscientos libros: infantiles, juveniles, libros de texto, de lecturas... Además, imparte charlas sobre lectura, edición o escritura.

Si quieres saber más sobre Begoña Oro, visita su web:

www.begonaoro.es

Si te ha gustado este libro, visita

LITERATURA**SM**•COM

Allí encontrarás:

- Un montón de libros.
- Juegos, descargables y vídeos.
- Concursos, sorteos y propuestas de eventos.

¡Y mucho más!

Para padres y profesores

- Noticias de actualidad, redes sociales y suscripción al boletín.
- Propuestas de animación a la lectura.
- Fichas de recursos didácticos y actividades.